빛을 찾아 떠나는
별난 이야기

빛을 찾아 떠나는 별난 이야기

© 김성환

초판 1쇄 펴낸날 2020년 7월 17일
초판 5쇄 펴낸날 2023년 7월 3일

지은이 김성환
일러스트 제딧
펴낸이 허주환

기획·편집 장인영
디자인 올컨텐츠그룹

펴낸곳 ㈜아이스크림미디어
등록 2007년 3월 3일(제2011-000095호)
주소 13494 경기도 성남시 분당구 판교역로 225-20(삼평동)
전화 02-3440-2365
팩스 02-6280-5222
전자우편 books@i-screammedia.com
홈페이지 www.i-screammedia.com

ISBN 979-11-5929-046-6 03370

한 권으로 끝내는 격려수업

빛을 찾아 떠나는
별난 이야기

김성환 지음

읽고 쓰고 활동하는 그림책

i-Scream

"네모별과 함께 여행을 떠나 볼까요?"

✦ 목차

스토리북, 이렇게 활용하세요!

책을 함께 읽는다는 것은 서로의 삶을 나누는 일이기도 합니다.
하루 한 장, 네모별의 여행기를 읽으며 작품 속 인물들과 교감하고, 같이 읽기를 통해
친구들과 감동을 나누어 보세요. 주어진 활동지를 풀어가며 스스로의 생각을 변화시킬 수도 있습니다.

하루

별거 아닌
이야기

✦ 먼 옛날 우주에는 빛이 사라지지 않는 밝은 날만 있었습니다. 그리고 우주의 한 켠인 지구별에는 장난기 가득한 네모별이 살고있었습니다. 하루는 네모별이 엄마별에게 물었습니다.

"엄마 난 어떤 별이야?"
"내 소중한 아들별이지."

엄마가 대답했습니다. 하지만 네모별은 자기가 정말 소중한 별인지, 또 매력적인 별인지 궁금해졌습니다.
"하늘에는 파랑별, 초록별, 빨강별이 멋지게 빛나는데…. 내 빛은 밝지도 않고 색도 없어. 사람들이 다들 북극별만 바라보는 걸 보면 북극별이 가장 멋진 빛을 가지고 있을 거야. 나도 북극별처럼 매력적인 빛을 가지고 싶어. 그럼 지금보다 더 행복하겠지?"

하루 한 장,
네모별의 여행기를 읽으며
즐겁고 행복한 상상을
펼쳐보아요.

네모별의 여행기를 읽고
나는 어떤 생각이 들었는지
나의 이야기를 적어보고,
다른 친구들의 생각도
경청해 봅니다.

나의 이야기

네모별은 자신의 빛이 마음에 들지 않았습니다. 그래서 세상에서 가장 멋진 빛,
즉 북극별의 빛을 가지고 싶어합니다. 여러분은 여러분의 마음이나 행동 중
마음에 들지 않는 것이 있나요? 소원을 들어주는 요술봉을 가졌다고 상상하며 1-3번을 써주세요.
다 썼다면 1번과 2, 3번을 사이를 세로로 방향으로 종이를 찢어주세요.

활동지는 107쪽에 수록되어 있습니다. 절취선으로 잘라 사용해 주세요 :)

모두 작성했다면 내가 쓴 내용을 실제로 발표해 보겠습니다.

예시

2. 마음에 들지 않는 나의 행동 쓰기

매번 다이어트에 실패하는 내 행동이 마음에 들지 않습니다.

3. 요술봉으로 나의 행동을 어떻게 바꾸고 싶은지 쓰기

요술봉이 있다면, 비록 천천히라도 조금씩 살을 빼고 싶습니다.

하지만 부족한 내 모습에도

난   을(를) 사랑합니다.

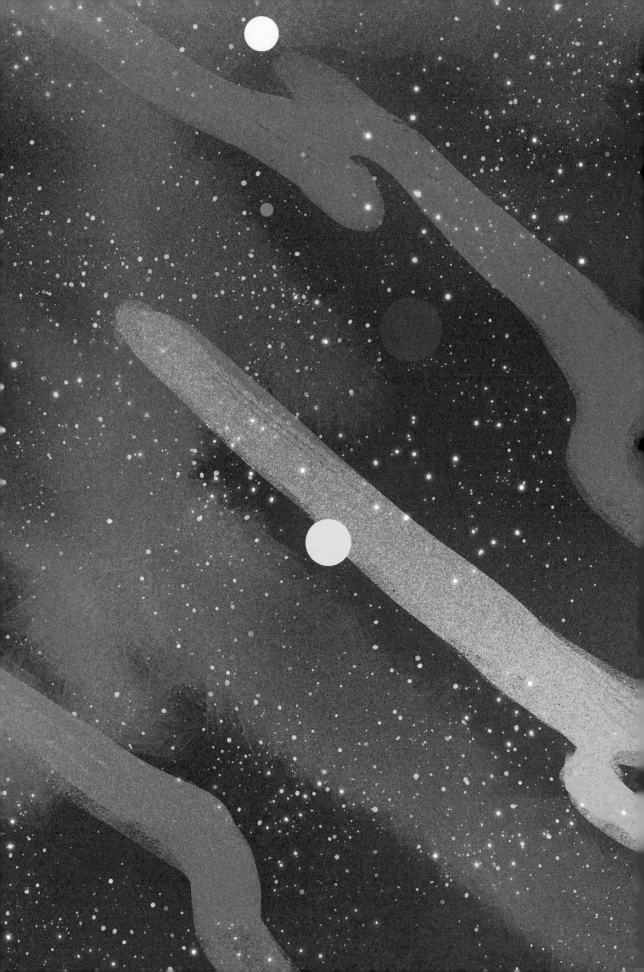

하루

별거 아닌
이야기

━━━━━━━━━━━━━━━ ✦ 먼 옛날 남쪽 우주에는 빛이 사라지지 않는
밝은 날만 있었습니다. 그리고 남쪽 우주의 한 켠인 지구별에는 장난기
가득한 네모별이 살고있었습니다. 하루는 네모별이 엄마별에게 물었습
니다.

"엄마 난 어떤 별이야?"
"내 소중한 아들별이지."

엄마가 대답했습니다. 하지만 네모별은 자기가 정말 소중한 별인지,
또 매력적인 별인지 궁금해졌습니다.

"하늘에는 파랑별, 초록별, 빨강별이 멋지게 빛나는데…. 내 빛은 밝지
도 않고 색도 없어. 사람들이 다들 북극별만 바라보는 걸 보면 북극별이
가장 멋진 빛을 가지고 있을 거야. 나도 북극별처럼 매력적인 빛을 가지

고 싶어. 그럼 지금보다 더 행복하겠지?"

"아들아, 다른 별이 빛난다고 네가 빛나지 않는 것은 아니야. 너도 북극별처럼 멋진 별이란다."

엄마의 말에도 네모별의 눈에는 여전히 북극별이 가장 멋져 보였습니다. 네모별은 속으로 생각했어요.

'나도 북극별처럼 반짝반짝 빛나고 싶어.'

그리고 네모별은 결심했습니다. 북극별을 만나기로요. 엄마별이 잠든 사이, 네모별은 짧은 메모를 남기고 북극별을 만나기 위해 머나먼 하늘로의 여행을 떠났습니다.

TO. 엄마에게

엄마, 저는 세상에서 가장 매력적인 북극별을 만나고 올게요.

-엄마를 사랑하는, 네모별이-

나의 이야기

네모별은 자신의 빛이 마음에 들지 않았습니다. 그래서 세상에서 가장 멋진 빛,
즉 북극별의 빛을 가지고 싶어합니다. 여러분은 여러분의 마음이나 행동 중
마음에 들지 않는 것이 있나요? 소원을 들어주는 요술봉을 가졌다고 상상하며 1-3번을 써주세요.
다 썼다면 1번과 2, 3번 사이를 세로 방향으로 종이를 찢어주세요.

활동지는 105쪽에 수록되어 있습니다. 절취선으로 잘라 사용해 주세요 :)

모두 작성했다면 내가 쓴 내용을 실제로 발표해 보겠습니다.

예시

2. 마음에 들지 않는 나의 행동 쓰기

매번 다이어트에 실패하는 내 행동이 마음에 들지 않습니다.

3. 요술봉으로 나의 행동을 어떻게 바꾸고 싶은지 쓰기

요술봉이 있다면, 비록 천천히라도 조금씩 살을 빼고 싶습니다.

하지만 부족한 내 모습에도

난   을(를) 사랑합니다.

혹시 별에게 변화된 점이 있나요?

여전히 그대로의 모습은 아닌가요? 여러분의 행동도 중요하지만,

행동이 자기 자신은 아닙니다. 그러니 '난 사고뭉치야.'라고 말하지 말고

'난 오늘 실수를 했어'라고 말해주세요.

이틀

여행을 위해
꼭 필요한 세 가지

✦ 네모별은 북쪽 하늘을 향해 끝없이 나아갔습니다. 어린 네모별이 홀로 북극별에게 가는 길은 고단하고 매우 힘든 길이었습니다. 하지만 북극별을 만나고 싶은 마음에 네모별은 서둘러 북쪽 하늘로 발걸음을 옮겼습니다. 그리고 드디어 북쪽 하늘 끝에 다다랐습니다. 그곳에는 황금색 문이 있었고 문지기가 문 앞에서 문을 지키고 있었습니다.

"안녕하세요? 전 네모별이에요. 북쪽 하늘에 있는 북극별을 만나고 싶어요. 그러니 문을 열어주세요."

"네가 원한다면 문을 열어줄 수는 있다. 하지만 이 문을 지나가면서 네가 가지고 갈 수 있는 것은 오직 세 가지 뿐이란다."

"아니, 북극별까지 가려면 저는 정말 많은 것들이 필요해요. 겨우 세 가지는 너무하다고요!"

"그렇다면 이 문을 나갈 수 없단다."

네모별은 깊은 고민에 빠졌습니다. 그리고 잠시 뒤 네모별이 조심스레 문지기에게 대답했습니다.

"저… 세 가지를 결정했어요."

"말할 수 있는 기회는 단 한 번뿐이란다. 괜찮겠니?"

"네. 먼저 첫 번째로 빛을 가져가겠어요. 제가 빛이고 이 빛은 어두운 북쪽 하늘을 밝히니까요. 두 번째는 카메라를 가져가겠어요. 제가 북극별을 만났다는 것을 사람들에게 보여줘야 하니까요. 참, 지구별에서 찍은 기억들도 소중하고요. 마지막으로 유리병을 가져가겠어요. 북극별의 빛을 유리병에 담아올 거예요."

"그럼 그 세 가지만 가지고 이 문을 지나가거라."

나의 이야기

가져가고 싶은 것	이유
1	✎ _____ _____ _____ _____ _____
2	✎ _____ _____ _____ _____ _____
3	✎ _____ _____ _____ _____ _____

"안녕하세요? 전 네모별이에요.

북쪽 하늘에 있는 북극별을 만나고 싶어요.

그러니 문을 열어주세요."

사흘

물병자리
가니메데와 신념

─────────────✦ 북쪽 문을 나선 네모별은 자신이 첫 번째로 선택한 빛을 꺼내 앞을 비추었습니다. 북쪽 문을 나서자 우주는 네모별이 생각한 것과는 아주 많이 달랐습니다. 어쩌면 북극별만큼 매력적이고 반짝이는 별들이 수없이 많다는 생각이 들었어요. 그런 별들과 자신을 비교하니 스스로가 초라하게 느껴졌습니다. 한참을 걷다 정신을 차려보니 저 멀리 초록빛이 보였고, 그 앞에는 지쳐 보이는 한 소년이 앉아 있었습니다.

네모별은 소년에게 다가가 말을 걸었어요.

"넌 참 아름다운 색을 가졌구나. 초록빛을 이렇게 가까이서 보는 건 처음이야. 난 무슨 색인지도 잘 모르겠고, 밝지도 않은 그저 평범한 별인데 말이야. 근데 너에게도 유리병이 있네?"

"난 수억 년 동안 이 유리병에 빛을 모으고 있어. 덕분에 이 유리병은 초록색 빛을 내고 있지. 마르지 않는 물과 같은 병이야. 하지만 쉬지 않고 이 유리병에 빛을 모으는 것은 너무 힘든 일이야."

"정말 힘들겠다. 그런데 네 이름은 뭐니?"

네모별이 물었어요.

"내 이름은 가니메데야."

"가니메데. 하루도 쉬지 않고 빛을 모은다는 것은 무슨 말이야?"

"나는 여기서 믿음의 병을 지키고 있지. 망할 독수리에게 납치만 당하지 않았다면 이러고 살지는 않았을 텐데. 형과 다투었다는 죄로 수억 년 동안 믿음의 병을 지키게 한 건 너무 억울해."

네모별은 가니메데의 말을 이해할 수 없었지만 왠지 도움을 주고 싶었습니다.

"그럼 이 곳을 떠나 나랑 같이 갈래?"

네모별이 가니메데에게 제안했어요.

"하지만 난 이 믿음의 병을 지켜야 하는걸."

"나에게 좋은 생각이 있어. 나에게도 빈 유리병이 하나 있거든. 내 빈 유리병과 너의 믿음의 병을 바꿔 놓는 거야. 그리고 믿음의 병은 내가 가지는 거지. 빈 유리병이니 빛이 모이는데 시간이 걸릴 거고. 그 사이에 함께 떠나자. 독수리가 깨기 전에 말이야. 하지만 그 전에 네가 진실한 소년인지 확인해 보고 싶어."

"어떻게?"

"너의 신념을 확인할거야."

"신념이 뭐지?"

가니메데가 물었습니다.

"네가 수억 년을 지내면서 만든 단단한 생각들이지. 여행을 함께 하려면 우리는 먼저 친구가 되어야 해. 친구가 되기 위해 우린 서로 신념을 나누는 거야. 너의 신념을 솔직히 말해줄 수 있겠니?"

나의 이야기

여러 분은 이 단어를 읽으면 어떤 생각이 드나요?

(예를 들어 '돈'하면 떠오르는 한 줄 정도의 문장, 한 줄 정의를 써보겠습니다. 돈은 있다가도 없는 것이다.
돈은 많을수록 좋은 것이다. 돈은 최고다. 돈은 부정하다. 돈은 위험하다. 돈은 벌기 힘든 것이다… 등)

1 친구

2 남자

3 여자

4 공부

5 학교

6 어른

7 엄마

8 아빠

9 형제

10 미래

나흘

경쟁과 협력 사이
라이벌

✦ 네모별이 지구를 떠난 지 나흘째.

네모별은 이제 혼자가 아니라 가니메데와 함께 여행하게 되었습니다. 그런데 문득 네모별은 소년 가니메데가 왜 믿음의 병을 지키게 되었는지 궁금해졌습니다. 가니메데는 먼 우주를 바라보며 말하기 시작했습니다.

"아주 먼 옛날, 사람들은 나무의 열매를 따 먹거나 사냥을 하며 행복하게 지냈지. 근데 열매가 있는 곳으로 자주 이동하는 것은 귀찮은 일이었어. 사람들은 한 곳에 머물러 살고 싶어졌고, 그때부터 농사를 짓기 시작한거야. 농사를 시작하며 가장 중요한 것이 바로 물이었어. 물이 가장 많은 곳은 강이었지. 그러자 강 주위로 부족들이 생기기 시작했어. 하지만 서로 물을 많이 갖고 싶었던 부족들은 강을 두고 서로 다투기 시작했고 나도 물 때문에 형과 다투었지. 그런데 갑자기 폭우가 쏟아지기 시작한 거야. 폭우에도 아랑곳하지 않고 난 물을 차지하기 위해 형과 계속 싸

웠고, 그때 어린 아이가 홍수에 휩쓸려 떠내려 간거야. 모두가 아무것도 할 수 없었고 발만 동동 굴렀어."

"그래서 어떻게 됐어?"

"바로 그때 어떤 한 무리의 사람들이 서로 손을 잡고 물속으로 들어가기 시작한 거야. 아이를 구하기 위해서 말이야. 알고 보니 아이를 구한 사람들은 오랫동안 싸우던 부족의 사람들이었어. 그 순간 사람들은 서로 간에 믿음이 생기기 시작했어. 서로 경쟁을 하다가도 어려움이 닥치면 서로 힘을 모아 도울 거라는 믿음 말이야. 사람들은 그 믿음들을 모아 거대한 믿음의 병을 만들었어. 하지만 난 싸움을 멈춰야 하는 순간에도 형과 다퉜다는 이유로 독수리에게 잡혀와 이 믿음의 병을 지키게 된 거야. 다행히 너를 만나 풀려나게 되었지만 말이야."

"아, 그랬구나."

나의 이야기

형제 관계는 라이벌입니다. 평소 경쟁하기도 하고 또 서로 돕기도 하는 사이지요.

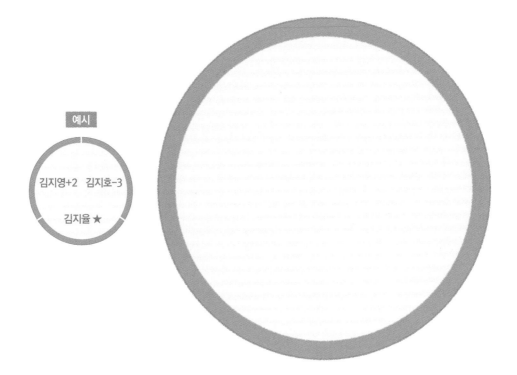

예시

김지영+2 김지호-3

김지율 ★

❶ 여러분을 포함한 형제, 자매의 이름을 위의 피자 조각에 써 주세요. 형제가 2명이면 조각은 나를 포함해 3조각으로 나누면 됩니다. 그리고 여러분의 나이보다 몇 살이 많고 적은지도 적어 주세요. 예를 들어 2살이 많다면 이름 옆에 +2라고 적고 1살이 어리다면 – 1라고 적으면 됩니다. 그리고 자신의 이름 옆에는 별 그림을 그려주세요.

❷ 여러분을 포함해 형제들을 표현할 수 있는 단어를 이름 아랫쪽에 두, 세 개씩 적어주세요. (**예** 성실한, 공부 잘하는, 유머 있는) 만약 형제, 자매가 없다면 부모님이 자주 비교하는 친구에 대해 써도 좋습니다.

❸ 각각의 구성원이 어떻게 다르고 특별한지 생각해 보세요.

❹ 위의 활동을 통해 여러분 스스로에게 어떤 결심을 하게 되었는지 느낀 점을 말해 보세요.

❺ 지금의 결심이 당신의 삶에 어떤 영향을 미치고 있나요?

의자가 사라졌어요

이번 활동은 '홍수!'라고 외치면 모두가 협력하는 활동입니다.

01

의자를 사람 수에서
한 개 부족한 숫자로 시작합니다.
노래를 틀고 노래가 멈추면
빨리 의자에 앉아야 하며,
만약 앉지 못하면 탈락하게 됩니다.

02

놀이가 진행될수록
의자 수를 줄여 나갑니다.
그만큼 탈락하는 학생들도
늘어나게 됩니다.

03

이때, 교사가 "홍수!"라고 외치면
위험한 상황에서 모두가 협력을
해야하는 순간입니다. 모든 학생이
남아 있는 의자에 협력해서
앉아야 합니다.

닷새

칭찬의
비밀

✦ 얼마나 멀리 왔을까. 어느새 저 멀리 푸른빛
이 보이기 시작했습니다. 그곳에는 거대한 물고기가 푸른빛을 지키고 있
었습니다. 물고기는 신기하고도 이상한 춤을 추고 있었는데, 춤을 잘 추
기 보다는 마치 춤을 아주 잘 춰야 한다는 생각으로 가득차 보였습니다.

네모별과 소년 가니메데는 푸른빛에 좀 더 가까이 다가갔습니다. 자
세히 보니 거대한 물고기는 놀랍게도 고래였어요. 그리고 푸른빛은 바
로 우주 바다였습니다. 우주 바다는 지구별 사람들이 '물고기자리'라고
부르는 별자리에요.

네모별은 고래에게 물었습니다.

"넌 왜 춤을 추고 있니?"

"난 1억 년 전만 해도 사랑의 신 에로스였어. 아름다움의 여신 아프로
디테와 함께 춤을 추는 것은 너무도 행복했지. 그런데 어느 날 괴물 티폰
이 우리를 찾아 왔어. 사실 그때는 티폰이 괴물인지도 몰랐어. 너무도 근

사한 모습이었거든. 티폰은 나에게 항상 칭찬을 해줬어. 내가 세상에서 가장 춤을 잘 춘다고 말이야. 티폰의 칭찬을 들을 때마다 나는 사탕을 먹는 것처럼 달콤하고 기분이 좋아졌지. 티폰은 내가 춤을 출 때마다 나를 찾아와 매일 같이 칭찬의 말을 해 주었어. '네가 세상에서 춤을 제일 잘 춰'라고 말이야. 그때부터 난 칭찬을 받고 싶은 마음에 더 열심히 춤을 추기 시작했어. 하지만 춤을 추는 즐거움은 사라지게 된 거야. 점점 난 나의 모습을 잃고 변해가기 시작했고 지금의 고래가 된거지."

"그래서 사람들이 '칭찬은 고래도 춤추게 한다'는 말을 하게 된 거야?"

"맞아. 1억 년 동안 춤을 추고 있었으니까."

"그럼 아프로디테는 어디에 있니?"

"이 근처에 있어. 내 마음을 전하고 싶지만 난 이곳을 지켜야 하기 때문에 아프로디테에게 갈 수 없어. 내 이야기를 아프로디테에게 전할 수 있다면 좋을텐데…"

"그럼 내가 도와줄게."

네모별은 주머니에서 카메라를 꺼내 고래의 이야기를 영상으로 담았습니다. 아니, 에로스의 이야기를 담았습니다.

난 세상에서 가장 춤을 잘 추는 '고래'가 아니라

너와 함께 즐겁게 춤을 춘 '에로스'이고 싶어

나의 이야기

오늘은 칭찬과 격려 활동을 함께 해보겠습니다.

01

책 가장 마지막 장에는
격려 문장들이 있습니다.
그 중 내가 받고 싶은 격려 문장에
동그라미를 쳐 주세요.

02

여러분은 친구들이 각각
어떤 격려 문장을 선택했는지
맞추면 됩니다.

03

예를들어 친구가 '소중해'라는
문장에 동그라미를 친 것 같다면,
그 친구를 바라보며
"지훈이는 소중해"라고
정답을 말하면 됩니다.

04

만약 정답이 아니라면
퀴즈를 낸 사람은 "고마워"라고 말하고
정답이라면 "격려 받았습니다"라고
말합니다.

칭찬은 무엇을 잘하는 것에만 초점을 둡니다.

하지만 격려는 고마워, 너랑 있으면 참 좋아,

널 응원해, 축하해처럼 그 사람에게 용기를 주는 표현입니다.

여러분은 친구들을 격려하고 응원하는 친구가 되어주세요.

여섯

나쁜 감정은
없어!

✦ 아프로디테는 물고기자리에서 그리 멀지
않은 곳에 있었습니다.

아프로디테는 멀리서 봐도 아름다운 모습이었어요. 네모별과 가니메
데는 아프로디테에게 어떤 사연이 있는지 무척 궁금해지기 시작했습니
다. 그래서 발걸음을 재촉했고 드디어 아프로디테를 만날 수 있었어요.

"우리가 너에게 줄 고래, 아니 에로스의 메시지를 들고 왔어."

네모별은 조심스럽게 카메라를 내밀었습니다.

"난 세상에서 가장 춤을 잘 추는 고래가 아니라

너와 함께 즐겁게 춤을 춘 에로스이고 싶어"

아프로디테는 영상을 보더니 눈물을 흘리기 시작했습니다. 그렇게 한참을 흐느낀 후에야 아프로디테는 겨우 말을 꺼낼 수 있었습니다.

"에로스와 행복한 시절이 있었어요. 하지만 어느 순간 행복은 깨지기 시작했죠. 바로 티폰이 나타나면서 부터였어요. 티폰은 유독 에로스에게만 칭찬을 아끼지 않았죠. 그때부터 내 안의 질투의 빛은 조금씩 커져갔고 결국 미워하는 마음까지 생겨났어요. 그때 불의 신 헤파이스토스가 저를 그물로 가둬 이곳을 지키게 했어요. 전 1억년 동안 제 자신을 미워하고 있었죠. 에로스를 질투하지 않았더라면 이렇게 살지는 않았을 거라고 생각하면서요."

아프로디테의 말을 듣고 있던 네모별이 용기 내어 말을 꺼냈습니다.

"제가 당신을 돕고 싶어요. 이 빛은 당신에게 용기를 줄 거예요. 바로 어린 아이를 구하는 어른들의 용기가 담겨있지요."

네모별은 물병자리에서 가져온 초록색 유리병을 꺼내며 아프로디테

에게 빛을 한 줌 선물했습니다.

"정말 고마워요. 제가 어떻게 이 은혜를 보답해야 할지…."

"당신이 가지고 있는 질투의 빛을 주세요. 지구별에서 본 당신의 파란 빛은 너무나도 아름다웠거든요."

"정말인가요? 제 파란빛이 멋졌다니 참 놀랍네요. 전 항상 다른 색깔의 빛을 갖고 싶었거든요."

"제 빛은 색이 없는걸요. 그리고 밝지도 않아요. 그거에 비하면 당신의 빛은 정말 멋져요."

아프로디테는 자신의 파란 빛을 네모별에게 건네 주었습니다. 네모별은 믿음의 초록빛과 질투의 파랑빛이 섞이지 않도록 조심스럽게 유리병에 담기 시작했습니다. 이제 유리병에는 초록빛과 파랑빛 두 가지가 담겼고 가만히 유리병에 담긴 빛을 바라보고 있던 아프로디테가 말을 꺼냈습니다.

"사실, 전 질투하는 제 마음을 사라지게 하고 싶어요. 질투하는 마음이 사라져야 저주에서 풀려날 수 있거든요."

네모별은 곰곰이 생각했습니다.

"당신의 저주에는 함정이 있어요."

아프로디테가 놀란 듯이 물었습니다.

"그게 뭐죠?"

"바로 질투가 나쁜 것이라고 생각하는 그 마음이에요. 그 생각 때문에 당신은 스스로에게 죄책감을 느끼게 되었고요. 제가 드린 초록빛을 심장에 넣으세요. 이 초록빛은 당신이 경쟁하다가도 중요한 순간에는 누군가 도와줄 거라는 믿음을 선물할 거예요. 기억하세요. 당신이 느끼는 감정은 좋고 나쁜 것이 아니라 그저 신호일 뿐이라는 걸요. 이 빛처럼 말이에요. 질투하는 마음이 있어 더 열심히 노력하는 별들도 참 많아요. 저도 사실 질투의 마음이 있어 이렇게 먼 여행을 하게 된 거예요."

나의 이야기

감정의 시소

감정은 시소와 같아서 어느 쪽으로 기우는지가 중요합니다.
가끔은 이쪽으로, 가끔은 저쪽으로 왔다 갔다 하면서 말이에요.
그렇다면 나에게는 어떤 감정들이 있을까요?

질투

부러움	미움

나도 해 봐야지!   아, 진짜 재수 없어
저 친구랑 친하게 지내고 싶다   저 친구랑은 놀지 말아야지
배울점이 많은 좋은 친구가 생겼네!   세상은 정말 불공평해!

여러분의 마음은 부러움과 미움 중 어느 쪽으로 기울고 있나요?
그리고 이제 여러분의 마음을 어느 쪽에 두고 싶은가요?

화가 나면
푸른 하늘을 바라봐!

✦ 네모별과 가니메데는 머나먼 여정을 계속 함께 했습니다. 얼마나 왔을까, 앞만 보고 가다보니 드넓은 초원이 나타 났습니다. 그곳에는 자신의 몸집만 한 뿔을 가진 황소가 있었습니다.

황소는 멀리서 보기에도 너무 크고 무서웠습니다. 하지만 북극별을 만나기 위해서는 반드시 이 초원을 지나야만 했고, 두 사람은 용기를 내어 아주 조심스럽게 뿔난 황소에게 다가갔습니다.

"화가 났다면 미안해. 우리는 이 초원을 지나 북극별로 가고 싶을 뿐이야."

풀을 뜯던 황소는 두 눈을 치켜뜨더니 네모별에게 대답했습니다.

"너희들이 내 식사시간을 망쳐 버렸어. 어제도 성가시게 하는 놈들이 있어 이 뿔로 받아 버렸지."

그리고는 혼잣말을 사납게 내뱉기 시작했어요.

"왜 내겐 늘 이렇게 나쁜 일만 생기는거지? 아무도 나를 알아주지 않아! 난 재수가 없는 놈이라구. 내 마음대로 되는 게 하나도 없어!"

"신은 불공평해. 내가 아무리 노력해도 상황이 바뀌지 않아! 이렇게 된 건 다 너희들 때문이야!"

황소가 화를 내는 동안 가니메데는 침착하게 초록빛과 파란빛을 한 줌씩 꺼내 섞기 시작했습니다. 그랬더니 빛은 하늘색을 띄기 시작했어요. 네모별은 가니메데가 만든 하늘색 빛을 황소가 먹고 있던 풀에 흩뿌렸습니다. 그러자 하늘색 빛은 아름답게 반짝이며 풀잎에 붙기 시작했어요. 가니메데는 황소의 뿔에도 하늘색 빛을 발라주었고 그러자 뿔이 점점 작아지기 시작했어요.

"어? 신기한 일이야. 조금씩 내 뿔이 작아지고 있어."

신기하게도 황소의 화가 조금씩 누그러지기 시작했어요. 이 광경을 본 네모별이 말했습니다.

"이건 하늘색이야. 빛을 너에게 선물로 줄게. 화가 나면 이 하늘색이 널 위로해 줄거야. 하늘색 빛이 사라지면 고개를 들어 하늘을 봐. 하늘에는 하늘색이 가득하거든. 하늘을 보면 지금처럼 기분이 좋아질거야."

황소는 이야기를 듣고 정말 마음이 편안해지는 것을 느꼈습니다. 어느새 황소의 매서운 눈빛이 선한 눈빛으로 바뀌었습니다.

"난 황소자리를 지키고 있는 황소야. 너무 화를 많이 내서 혼자서 황소자리를 1억 년 동안 지키게 되었어. 너희들은 내가 화난 이유를 처음으로 들어준 친구들이야. 고마워."

"그랬구나. 많이 힘들었겠다."

가니메데가 황소를 위로했어요. 그러자 황소가 대답했습니다.

"너희에게 도움을 받았으니 나도 너희를 돕고 싶어."

네모별이 물었어요.

"난 사실 너의 빨간빛을 가지고 싶어. 지구별에서 본 너의 빨간빛은 정말 멋졌거든. 너의 빛을 줄 수 있니?"

"사실 난 나의 빨간빛이 마음에 들지 않았어. 그런데 지구별에서 내 모습이 멋졌다니 기분이 좋아지는데?"

황소는 빨간빛 한 줌을 네모별에게 건넸습니다.

네모별은 초록빛, 파랑빛과 섞이지 않도록 조심하며 빨간빛을 유리

병에 담았습니다.

'와, 이 병에 각각 다른 세 가지 빛이 있으니 너무도 아름다워. 이 세 가지 빛을 모두 가질 수 있다면 얼마나 좋을까? 그리고 북극별의 빛까지 가진다면 난 세상에서 가장 멋진 별이 될 거야!'

네모별은 속으로 생각했어요.

"너도 우리랑 같이 갈래?" 가니메데가 황소에게 물었습니다.

"좋아, 그렇다면 너희들이 내 등에 타고 갈래?" 황소가 꼬리를 흔들며 대답했어요.

그렇게 네모별과 가니메데, 황소는 함께 여행을 하게 되었어요. 황소의 등은 보기와는 달리 참 편안했습니다.

나의 이야기

이번 시간에는 나를 화나게 하는 것 10가지를 말해보겠습니다.

"내가 화나는 이유는 _____ 때문이야"로 말하고 짝은 친구가 하나씩 이야기를 할 때마다 손가락을 하나씩 접습니다. 그리고 마지막으로 화가 난 세 가지를 기억합니다. 기억하세요! 마지막 세 가지입니다.

어쩌면 마지막 세 가지는 정말 나를 힘들게 하는 화, 정말 해결하기 힘든 화입니다. 때론 누군가 화가나는 감정을 들어주는 것만으로도 해결이 될 때가 있답니다.
• 다만 친구의 이름을 넣지 않고 "○○한 상황이 화가 나!" 라고 이야기 합니다.

2차 감정 알아보기

★ 주의하기 : 화가 나는 감정을 조금 더 깊이 들어가보면 억울함, 소외됨 등의 다양한 감정과 관련이 있습니다. 화가 난 것과 관련된 다른 감정을 이해하면 화가 난 이유, 근본적 문제를 해결하는데 도움이 된답니다. 그럼 지금부터는 화가 나는 것을 이야기를 하면 "그런데 왜 화가 나?"를 친구가 5번 물을 겁니다. 그때마다 다른 이유로 대답을 해야 합니다.

예 A 지훈이가 놀려서 화가 나!   B 그게 왜 그렇게 화가 나?
   A 하지 말라고 몇 번이나 했는데 고치지 않아!   B 그게 왜 그렇게 화가 나?

단, 반드시 이유를 이야기 할 때 '그냥'이라고 답하는 것은 안 됩니다. 꼭 각각 다른 답을 이야기를 해야 합니다. 답을 하다 보면 내가 왜 화가 났는지 그 비밀을 찾을 수 있습니다.

모든 순간이 행복하지는 않지만,
모든 순간은 소중해

황소의 등은 보기와 달리 참 편안했습니다. 황소의 뿔을 잡고 있으면 마치 내가 큰 자동차를 운전하는 착각이 들었어요. 갑자기 가니메데가 네모별에게 물었습니다.

"근데 넌 왜 북극별을 찾아가는거니?"

"행복을 찾아가는 거야."

"북극별에 행복이 있니?"

"응, 왜냐하면 북극별은 어떤 별보다 빛나서 사람들이 좋아하거든. 정말 매력적이야. 나도 북극별처럼 빛날 수 있다면 분명 더 행복해 질 거야. 북극별을 만난다면 그 빛을 이 병에 담아서 갈 거야. 그리고 그 순간을 카메라에 담을 거야. 아마 가장 행복한 순간이 되겠지?"

조용히 듣고 있던 황소가 느릿느릿하게 말했습니다.

"만약 지금 큰 사고가 나서 죽게 된다면 너는 행복하지 않은 채로 죽는거네?"

네모별은 뿔을 당겨 황소를 멈춰 세우고 난 다음 황소의 등에서 내려왔습니다. 그 자리에 멈춰서 한 참을 생각하던 네모별은 카메라를 꺼냈습니다. 그리고 카메라에 저장된 지구별에서의 기억을 꺼내어 황소와 가니메데에게 내밀었습니다.

"혹시 이런 순간들도 행복한 순간이었을까? 나에게는 그저 평범한 순간들이었는데 말이야. 그리고 난 북극별처럼 특별하지도 않고 사람들에게 인기도 없었거든…"

나의 이야기

오늘은 여러분이 살아 온 모든 순간 중 가장 기억에 남는 장면들을 떠올려 보겠습니다.
아래의 인생 그래프에 여러분의 나이에 해당하는 숫자 위, 아래로 기억에 나는 기억들을 써 봅니다.
위(+)는 행복했던 기억, 아래(−)는 불행했다고 느껴지는 기억을 써 봅니다.
그리고 그 점들을 선으로 이어보세요. 완성된 그래프가 나의 인생 행복 그래프입니다.

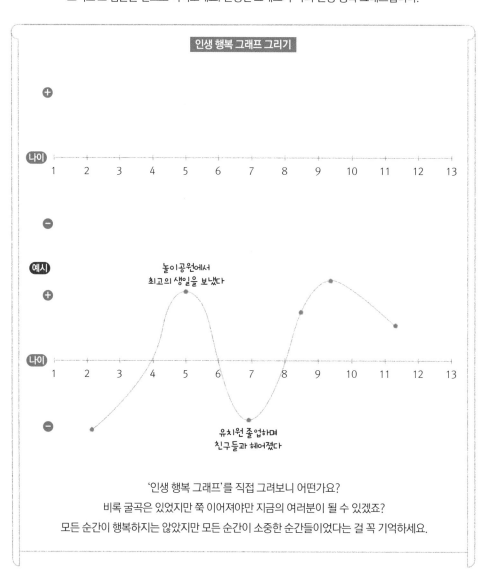

'인생 행복 그래프'를 직접 그려보니 어떤가요?
비록 굴곡은 있었지만 쭉 이어져야만 지금의 여러분이 될 수 있겠죠?
모든 순간이 행복하지는 않았지만 모든 순간이 소중한 순간들이었다는 걸 꼭 기억하세요.

"혹시 이런 순간들도 행복한 순간이었을까?

나에게는 그저 평범한 순간들이었는데 말이야."

아흐레

격려가 눈이 되어
소복이 쌓이다

───────── ✦ 네모별 일행이 카메라에 담긴 기억을 보고 있던 찰나, 갑자기 하늘에서는 하얀 눈이 내리기 시작했고 눈은 황소의 등, 가니메데의 어깨, 그리고 네모별의 발등에 소복이 쌓이기 시작했습니다. 그런데 이상하게도 네모별은 눈이 차갑게 느껴지지 않았어요. 오히려 따뜻하게 느껴졌습니다.

그때 네모별 일행의 눈에 사람 같기도 하고 말 같기도 한 무언가가 눈꽃 화살을 쏘고 있는 것이 보였어요. 네모별은 힘차게 뛰어 올라 황소의 등에 올라타고 다시 뿔을 잡아 달리기 시작했습니다. 이어서 가니메데가 네모별의 허리를 잡자, 황소는 재빠른 속도로 반인반마*에게 달려갔습니다.

"어서오세요. 이곳은 궁수자리랍니다. 저는 궁수자리를 지키는 케이론입니다."

★ **반인반마**: 반은 인간이고 반은 말인 괴물.

"왜 저희에게 눈꽃 화살을 쏘시는 거예요?"

네모별이 따지듯이 물었습니다.

"이런, 놀랐다니 미안해요. 사실 저의 부족 켄타우로스
는 활을 가지고 야산을 돌아다니곤 했죠. 그들은 야만적이고
공격적이었어요. 우리 부족이 사람들에게 상처를 준 만큼 제가 다시 사
람들에게 용기를 주어야 하는 임무를 받고 여기서 용기의 화살을 사람
들에게 보내고 있답니다. 이 화살은 여름에는 비로 보이고 겨울에는 눈
으로 보인답니다. 하지만 언제나 하늘에서 내리죠."

"아, 좋은 일을 하고 있었군요. 오해했다면 죄송해요. 대신 저도 당신
에게 선물을 하고 싶어요."

네모별은 유리병에서 초록빛과 빨간빛을 꺼내어 섞은 후 노랑빛을
만들기 시작했습니다.

"이건 노랑 빛이에요. 무언가 바라는 것이 있을 때 이 노란빛에게 소원
을 빌어보세요. 지구별에서는 노란색 달을 보면서 소원을 말하거든요."

나의 이야기

여러분은 하늘에서 어떤 용기의 메시지를 받고 싶은가요?
오늘은 우리가 함께 용기의 메시지를 만들어 볼까요?

네모별은 어떤 말과 행동에 상처를 받았을까요?
책에는 나와있지 않지만 짐작해서 써 봅니다.

❶ 오늘은 네모별이 상처받은 이유와 상처받은 말이 무엇일지 생각해보고 별가루에 적어보는 활동을
해보겠습니다. 다 적은 후에는 종이를 구겨 공모양으로 만들고 무작위로 던집니다.

※ 별가루 활동지는 109페이지에 수록되어 있습니다

❷ 던진 공들 중 나에게 가장 가깝게 떨어진 공모양의 종이를 폅니다. 그리고 네모별이 어떤 말과 행
동에 상처를 받았을지 읽어보고, 네모별이 상처를 치유할 수 있는 격려의 문장을 적어주세요. 맨
뒷장에 수록된 격려문장을 활용할 수 있습니다.

❸ 돌아가면서 네모별이 상처받은 이유와 네모별을 위로하는 격려의 문장을 읽어 봅니다.

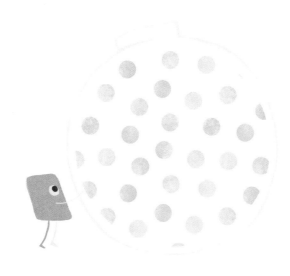

노란달을 만들어요

여러분의 소원은 무엇인가요? 또 친구들의 소원은 무엇일까요?

이번에는 노란색 색종이에 소원을 적어보겠습니다. 단, 비밀이니 이름은 쓰지 말아주세요.

소원을 다 적었다면 적은 종이를 구겨 공 모양의 달을 만듭니다.

그리고 한 명씩 소원을 말하고 가운데 바구니에 던집니다.

바구니에 성공적으로 넣으면 소원이 이루어진데요. 단, 기회는 한 번뿐이랍니다.

활동지는 107페이지에 수록되어 있습니다. 절취선으로 잘라 사용해 주세요 :)

열흘

생각을
생각해

✦ "사실 말이야."

길을 가던 네모별이 이야기를 꺼냈습니다.

"내가 지구별을 떠나 여기로 온 또 다른 이유가 있어."

가니메데와 황소는 가던 길을 멈추고 네모별을 바라보았습니다.

"네가 원한 건 행복 아니었어?"

황소와 가니메데가 물었습니다.

"맞아. 하지만 또 다른 이유가 하나 더 있어. 엄마가 들려줬는데, 별에게는 중요한 결심이 있다고 했어. 바로 세 가지 결심이래."

황소가 다시 물었습니다.

"세 가지 결심? 그게 뭔데?"

"바로 나에 대한 생각, 다른 별에 대한 생각, 그리고 세상에 대한 생각이야."

네모별은 잠시 고민하더니 말을 이어나갔습니다.

"난 북극별에 비해 많은 것들이 부족하다고 생각했어. 그렇게 생각하니 주위의 별들은 모두 나의 경쟁자라는 생각을 하게 되었고, 세상이 마치 오디션 같다는 생각이 들었어. 우리 모두는 인기를 원하고, 그러다보니 경쟁을 해야 하고. 똑같은 시간 안에 내가 제일 돋보여야 한다는 생각을 하니 하나도 행복하지 않더라고. 난 보다시피 너희들처럼 밝지도 않고 색도 없는 별이잖아."

가니메데가 더욱 궁금한 듯 물었어요.

"그래서 여행을 시작 한거니?"

"맞아. 그래서 난 우주에서 가장 매력적이라고 생각한 북극별을 만나기로 한 거야. 그곳에서 가장 멋진 빛을 구한다면 난 행복할 수 있을 것 같거든. 그리고 더 멋진 별이 되고 싶다는 이 지긋지긋한 생각에서 벗어날 수도 있을거고. 봐! 벌써 난 파랑빛, 초록빛, 빨강빛을 구했어. 이제 북극별만 만난다면 분명 난 행복해 질거야!"

나의 이야기

네모별은 항상 자신이 부족하다고 느낍니다.
그리고 친구들은 경쟁자이며, 삶은 오디션과 같다고 했습니다.
그렇다면 여러분은 스스로를, 친구들을, 또 삶을 어떻게 생각하나요?

나는 나 스스로를 이렇게 생각합니다.

나는 친구들을 이렇게 생각합니다.

나는 삶을 이렇게 생각합니다.

실패보다
더 싫은 것은 후회

✦ 이제 가니메데의 눈에 제법 큰 별들이 보이기 시작했습니다. 북쪽 하늘 멀리 있는 별들은 뒤집힌 삼각형 모양이었습니다.

"저건 어떤 별자리야?"

네모별이 물었습니다.

"저거? 천국으로 향하는 거꾸로 된 삼각형, 바로 신들의 문이야"

가니메데가 대답했습니다.

"염소자리라고 부르기도 해."

신들의 문 앞에 도착해보니 그곳에서는 '판'이라는 가축의 신이 문 앞을 지키고 있었습니다.

"이곳은 북극별로 가는 마지막 관문, 신들의 문이다. 이곳을 통과하기 위해서는 이곳을 지나야 하는 이유를 말해야 한다. 만약 진실을 말하지 않으면 천국이 아닌 지옥의 염라대왕을 만나게 될 것이다. 지나갈 것인가?"

판의 위엄 있는 목소리에 기가 눌린 가니메데와 황소는 두려움에 말을 하지 못했습니다. 하지만 순간 네모별은 생각했어요.

'실패보다 두려운 것은 후회야.'

네모별은 비록 실패해서 염라대왕을 만날 수도 있는 위험한 상황이지만, 도전하지 않아서 평생을 후회하며 사는 것이 더 싫었습니다. 네모별은 마음을 정하고 판 앞에 서서 당당하게 말했어요.

"저에게는 목표가 있어요. 저는 북극별을 만나 북극별의 빛을 이 유리병에 담을 거예요. 전 세상에서 가장 아름다운 별이 되고 싶어요. 북극별처럼 말이죠."

판은 네모별의 말을 가만히 들어 주었습니다. 그리고 단호한 목소리로 말했어요.

"너의 말이 진실하기에 이 문을 열어주겠다. 하지만 너의 두 친구는 이 문을 통과할 수 없다. 여기서부터는 너 혼자서 가야 한다."

그 순간 신들의 문이 서서히 열리기 시작했습니다.

"황소, 가니메데! 여기서 기다려줄래? 내가 북극별을 만나고 빨리 돌아올게."

"알았어. 꼭 무사히 돌아와야 돼!"

가니메데와 황소가 걱정스런 눈빛으로 네모별에게 외쳤습니다.

나의 이야기

이번에 함께할 활동은 '염소자리 별자리' 활동입니다. 먼저 역삼각형을 하나 그려주세요.
우리가 죽기 전에 꼭 하고 싶은 것을 '버킷리스트'라고 합니다. 가운데 별 안에는
자신의 버킷리스트 중 가장 하고 싶은 것 하나를 적어주세요. 그리고 다시 작은 삼각형에는
가운데 버킷리스트를 이루기 위한 작은 목표 혹은 단계들을 적어봅니다. 물론 이 작은 삼각형의
목표나 단계를 이루기 위해 다시 작은 단계로 나눌 수도 있습니다.

▸ 알아두기 ◂
'원하는 것과 좋아하는 것의 차이점'

배가 고플 때 원하는 것은 '밥' 이겠죠? 근데 배가 부르면 어떻게 될까요?
더 이상 밥을 원하지 않게 됩니다. 이렇게 원하는 것은 상황에 따라 바뀌게 됩니다.
하지만 좋아하는 것은 원하는 것보다 더 일정합니다. 좋아하는 것은 어떤 상황에서도 좋은 것이죠.

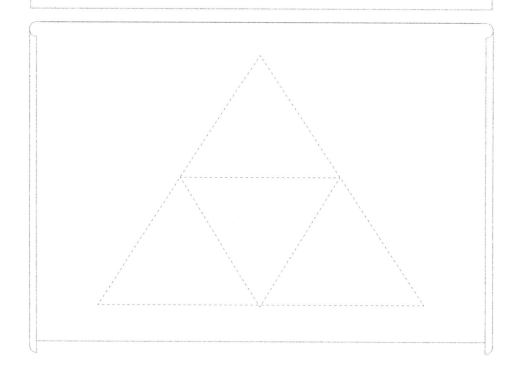

다음 이야기로 넘어가기 전
"우리는 행복하려면 무엇이 필요할까요?
그럼, 행복의 비밀은 뭘까요?"
여러분의 생각을 적어주세요.

이어지는 별난 이야기에서는 3가지 행복의 비밀이 나옵니다.

이제 책장을 넘겨볼까요?

행복의 비밀 하나,
홀로서기

네모별은 홀로 북극별을 찾아가다보니 남겨진 가니메데와 황소가 더욱 생각났습니다. 카메라를 꺼내 그동안 함께 찍은 사진들을 보며 외로움을 달랬지만 그럴수록 더더욱 친구들이 그리워질 뿐이었어요.

'빨리 북극별을 만나 빛을 구한 다음 멋지게 가니메데와 황소를 만날 거야!'

네모별은 스스로에게 다짐을 하며 발걸음을 북쪽으로 재촉했고, 저 멀리서 빛나는 일곱개의 별들이 보이기 시작했습니다.

"우리는 북극별을 지키는 북두칠성이다. 무슨 일로 이곳에 왔느냐?"

"저는 북극별을 만나러 왔어요. 북극별을 만나 행복의 비밀을 찾고 싶어요."

"그래? 행복의 비밀에는 세 가지가 있다. 첫 번째 비밀을 풀어야 북극별에 가는 길을 알려줄 수 있다."

"네? 행복의 비밀을 몰라서 왔는데, 그 비밀을 알면 제가 여기 왜 왔겠어요? 제발 문을 열어주세요, 네? 저는 북극별을 만나 행복의 비밀을 물어볼거라구요!"

"너의 마음은 이해하지만 첫 번째 행복의 비밀을 풀어야 알려줄 수 있단다."

"북극별을 만나 행복의 비밀을 찾아야 해요. 제발 열어주세요."

네모별이 더욱 간절히 말했습니다.

"그건 안된단다. 꼭 첫 번째 행복의 비밀을 풀어야만 해. 그게 북극별과 우리의 약속이거든."

네모별은 잠시 포기한 듯 가만히 있었습니다. 이윽고 말을 이어 갔습니다.

"북극별에게 가는 길을 알려주지 않는다면 제가 혼자서라도 찾겠어요."

네모별의 말을 들은 북두칠성은 희미하게 미소를 지었습니다.

"바로 그것이 행복으로 가는 첫 번째 비밀이다. 바로 '자립'. 홀로 너의 길을 가는 것. 누구에게도 의존하지 않고 스스로의 힘으로 나아가는 것. 너는 첫 번째 행복의 비밀을 잘 찾았구나. 하지만 두 번째, 세 번째 비밀을 찾는 것은 매우 어려울 것이다. 지금까지 누구도 그 비밀을 푼 적이 없었지. 그것을 명심해라. 북극별은 북두칠성 6, 7번째 별 사이의 길이만큼 5번을 직진하면 있단다."

나의 이야기

첫 번째로 해볼 활동은 '홀로서기' 활동입니다.

두 명이 짝이 되어 섭니다. 두 명 중 한 학생은 뒤로 나무처럼 뻣뻣하게 기대고
뒤에 있는 사람은 넘어지지 않도록 두 손으로 받혀줍니다.
뒤에 있는 친구가 "네가 스스로 서는 것을 응원할게, 이제 홀로서기를 할 때야!
하나 둘 셋 하면 이 손을 놓을 거야. 그러니 준비해. 자 그럼, 하나, 둘, 셋"하고 두 손을 놓습니다.

뒤에서 받혀주는 역할은 힘이 센 친구들 혹은 교사가 합니다.
활동이 끝나면 이 역할극을 한 소감을 서로 돌아가면서 말해봅니다.

두 번째로 해볼 활동은 '거절하기' 활동입니다.
(도서 『학급긍정훈육법(활동편)』 108쪽 참고)

친구가 나와 함께 놀자고 하는 상황을 가정해 봅니다.
그럼 "내가 지금은 숙제하고 있어서, 다음에 놀까?"라고 거절을 하고
자신의 상황을 이야기 합니다. 서로 다양한 상황에서 거절하는 연습을 해봅니다.
다만, 절대 '미안해'라는 말은 하지 않기로 합니다.

거절하는 것은 미안한 것이 아니라 나를 존중하고 상대를 존중하는 과정입니다.
미안하다는 말은 정말 미안할 때 쓰는 말임을 꼭 기억해 주세요.

행복의 비밀 둘,
잘난 사람보다는 필요한 사람

✦ 북두칠성이 알려준 방향에는 북극별의 방이 있었습니다.

"여기까지 온 너의 용기를 계속 지켜보고 있었다."

그때, 어디선가 굵고 근엄한 목소리가 들렸습니다.

"이 방에 들어온 첫 손님이 바로 너란다."

네모별이 고개를 들어 보니 세상 모든 색깔을 담은 찬란한 북극별이 눈앞에 보였습니다.

"당신을 만나러 저는 먼 길을 떠나 여기까지 왔어요. 당신의 빛을 한 줌만 나눠줄 수 있나요?"

네모별이 떨리는 목소리로 간절하게 말했습니다.

"그래, 넌 나의 빛을 가지고 싶겠지. 네가 원하는 것을 얻기 위해서는 나의 고민을 해결해 주어야 한다."

"네? 뭐라고요? 그렇게 밝고 인기가 있는 북극별에게도 고민이 있다고요? 그리고 전 세상에서 가장 행복한 북극별의 고민을 해결할 자신이 없어요."

네모별은 당황스러웠습니다.

"다시 말하지만 나의 고민을 해결해 주어야 네가 원하는 빛을 가질 수 있단다."

"그렇다면 당신의 고민은 무엇인가요?"

네모별의 질문에 북극별이 한숨을 쉬며 말했습니다.

"북두칠성도 일곱개의 별이 별자리를 이루고 다른 별자리들도 친구들과 함께 별자리를 만든다. 그러나 나는 늘 혼자란다. 나도 별자리가 있었으면 한다."

"사람들은 홀로 멋지게 빛나는 북극별을 좋아하는 거잖아요! 게다가 어떤 별보다 밝고요. 북두칠성에게 배웠는데 행복의 첫 번째 비밀은 홀로서기 즉 자립이라고 했어요. 근데 북극별 당신은 자립한 것 아닌가요?"

"……."

북극별은 아무말 없이 네모별의 이야기를 듣고 있었습니다.

"지구에서는 당신을 보고 길을 찾아요. 길을 잃었던 수 많은 사람들이 당신의 빛을 보고 길을 찾을 수 있다구요! 당신은 어느 계절이든 항상 빛나는 별이에요."

네모별은 지구별에서 바라 본 북극별에 대해 담담히 이야기 했습니다.

"고마워. 내가 지구별에 그렇게 소중한 존재인지 몰랐어."

북극별은 큰 감동을 받았습니다.

"내 고민을 해결해 주어 정말 고마워. 참, 그리고 이것이 행복의 두 번째 비밀이었단다. 엄마가 아기를 정성으로 보살피듯 누군가를 진정으로 돕는 것. 행복의 두 번째 비밀이지."

"두 번째 비밀을 맞추었으니 이제 당신의 빛을 선물해 주세요."

네모별이 재촉하듯 말했습니다.

북극별은 주머니에서 동그랗고 투명한 무언가를 꺼내며 말했습니다.

"난 너에게 나의 빛을 주겠다고 한 적은 없단다. 다만 네가 원하는 것을 준다고 하였지. 이건 돋보기란다. 이 돋보기가 있다면 네가 원하는 모든 빛을 가질 수 있단다. 아마 나의 빛보다 더 멋진 빛을 가지게 될 거야. 또 돋보기를 가진 별은 영원히 빛을 잃지 않는단다. 하지만 이 돋보기를 잘못 사용하면 세상이 어둠으로 변한다는 걸 기억하렴."

네모별은 돋보기를 받고 뛸 듯이 기뻐했어요.

"저도 북극별에게 선물을 하고 싶어요."

네모별은 유리병에서 파랑빛과 빨강빛을 한 줌씩 꺼내어 섞어, 자줏빛을 만들었어요.

"이건 제가 만든 자줏빛이에요. 지구별에서는 노을이 질 때 하늘은 자줏빛으로 변하죠. 지구에 있는 별들은 노을을 참 좋아해요. 노을이 지면 모두 잠시 멈추고 노을을 바라보죠. 이 자줏빛을 가지고 있으면 어떤 별이라도 당신을 노을처럼 바라볼 거예요. 비록 홀로 있지만 외롭지 않을 거예요."

네모별은 자줏빛을 북극별에게 건네 주었습니다.

"네가 마지막 행복의 비밀을 찾았으면 좋겠구나! 하지만 아마 쉽지 않을 거야."

"힌트라도 주실 수 없나요?"

네모별이 조르듯 말했습니다.

"마지막 행복의 비밀은 어떤 힌트도 줄 수 없단다. 하지만 행복한 사람이 되면 이런 생각을 하게 되지."

문을 열고 나오는 네모별의 귓가에 북극별의 마지막 이야기가 계속 맴돌았어요.

"행복은 어떤 빛을 가지는지가 아니라

그 빛을 어떻게 사용하는지에 달렸어."

나의 이야기

오늘 함께할 활동은 영상을 먼저 시청하고 시작하겠습니다.
다같이 영상을 시청해 볼까요?
(Youtube에서 '내 새끼는 내가 지킨다!' 모성애 강한 동물들 검색하기)

영상을 시청했다면, 우리도 북극별의 문제를 함께 해결한 것처럼
친구의 문제를 함께 해결해 봅니다. 아래의 6단계로 함께 문제를 해결할 수 있습니다.
먼저 문제를 해결하고 싶은 친구는 손을 들어주세요. 다만 이곳에 있는 친구와의 관계 문제를
다루지는 않습니다. 예를 들어, 학원, 용돈 등 비교적 가벼운 주제를 이야기 해 주세요.

1 **문제 제시**: "제가 해결하고 싶은 문제는 _____ 입니다."

2 **질문하기**: 문제를 해결하러 나온 주인공에게 상황을 구체화하기 위해서 '어떤 방법을 사용해 봤는 지?' 등의 정보를 묻고 궁금한 점을 질문합니다. 이 질문을 통해 친구가 해결하고자 하는 문제를 보다 뚜렷하게 알 수 있습니다.

3 **해결책 브레인스토밍**: 해결책을 이야기할 때는 해결책이 좋고 나쁜 것을 고려하지 않고 모두 칠판 에 씁니다. 짧은 시간에 많은 해결책을 찾는 것이 하나의 최고의 해결책을 찾는 것보다 중요합니다.

4 **삭제하기**: 주인공이 지금까지 사용해 본 해결책은 빨간 보드 마커로 중간 줄을 쳐서 삭제합니다.

5 **선택하기**: 지금까지 시도하지 않은 해결책을 선택합니다.

6 **격려하기**: 주인공에게 격려를 하고 주인공은 소감을 함께 나눕니다.

수호천사 놀이

여러분! 행복의 순간은 두 가지로 나누어 집니다. 하나는 받을 때, 다른 하나는 줄 때입니다.
하지만 받은 것은 내가 선택할 수 없습니다. 반면 주는 것은 내가 결정할 수 있습니다.
이제 내가 행복하게 해 줄 친구 한 명을 제비뽑기로 뽑아 봅니다.
그리고 1주일 동안 아무도 모르게 그 친구를 돕습니다. 여러분의 수호천사는 누구일까요?
그 친구가 행복할 생각에 벌써 입 꼬리가 올라가지 않나요?

서로의 믿음이 깨지자 유리병도 깨졌다

북극별의 방에서 나온 네모별은 파랑빛, 초록빛, 빨강빛이 담긴 유리병과 돋보기를 손에 꼭 쥐고 북두칠성을 지나 신들의 문 밖으로 나왔습니다. 문 밖으로 나서자 가니메데와 황소가 네모별을 반갑게 맞아주었어요.

"네모별! 잘 다녀왔어? 그래, 북극별은 어떻게 생겼어?"

"네가 원하던 북극별의 빛은 구했니?"

기다리고 있던 가니메데와 황소가 기대에 찬 눈빛으로 번갈아가며 물었습니다. 그리고 마지막으로 질문했어요.

"북극별을 가지니 정말 행복해졌니? 네가 원하던 행복 말이야"

"아니, 북극별이 자신의 빛은 줄 수 없다고 했어. 대신 세상에서 가장 아름다운 빛을 가질 수 있는 물건을 선물로 주었어. 이 물건을 가지고 있으면 영원히 빛을 잃지 않는다고도 했어."

"그게 뭔데?"

황소와 가니메데가 재촉했습니다.

"바로 이거야."

네모별은 손에 쥐고 있던 돋보기를 내밀었어요.

"이거 돋보기 아냐?"

"응, 맞아! 돋보기야. 이게 세상에서 가장 아름다운 빛을 가질 수 있는 물건이라고 했어."

"도대체 이것으로 어떻게 가장 아름다운 빛을 만들 수 있지?"

도무지 모르겠다는 듯 황소와 가니메데가 중얼거렸어요.

그들은 걷고 또 걸었어요. 저 멀리 아프로디테가 보이기 시작했습니다.

"네모별, 세상에서 가장 매력적인 빛을 구했니?"

아프로디테가 물었습니다.

"아니. 하지만 가장 아름다운 빛을 가질 수 있는 돋보기를 선물로 받았어. 이걸로 가장 아름다운 빛을 가질 수 있다고 북극별이 말해주었어."

그 순간 아프로디테는 마음속으로 생각했습니다.

'저 돋보기가 있다면 세상에서 가장 아름다운 빛을 가질 수 있다고? 그걸 저 네모별만 가지게 된다고?'

갑자기 아프로디테의 질투가 점점 강렬해졌어요. 아니, 아프로디테는 세상에서 가장 멋진 별이 되고 싶어진 거에요. 그리고 영원히 빛나고 싶다는 욕망이 생겨났습니다.

아프로디테는 본능적으로 돋보기가 든 상자를 움켜잡고 낚아채려 했습니다. 그 모습을 본 가니메데도 세상에서 가장 멋진 별이 될 수 있는 기회를 아프로디테에게 뺏길까봐 욕심이 나기 시작했습니다. 그러자 예전에 마음 속에 품고 있었던 경쟁심이 다시 생기게 되었어요.

"나도 돋보기를 가지고 싶어!"

가니메데가 아프로디테를 막아섰습니다. 아프로디테와 가니메데가 서로 돋보기를 가지려 싸우는 모습을 본 황소도 예전의 사나운 눈빛으로 변하기 시작했습니다.

"너희들을 등에 태우고 먼 길을 함께 여행했어. 돋보기가 필요한 건 바로 나라고!"

황소는 불같이 화를 내며 날카로운 뿔을 가니메데에게로 향해 돌진했습니다.

바로 그때였어요.

'끼긱, 끼긱'

갑자기 유리병에 금이 가기 시작했습니다.

유리병에 담겨있던 빛들은 원래의 주인에게 향했습니다.

유리병에서 나와 더해진 빛만큼 아프로디테의 질투, 황소의 분노, 가니메데의 경쟁심은 예전보다 더 강력해졌습니다. 그들은 네모별을 당장이라도 공격할 것 같았습니다. 네모별은 두려웠지만 순간 용기를 내어 상자에서 돋보기를 꺼냈어요.

나의 이야기

오늘 함께할 활동은 이전에 해 보았던 '홀로서기' 활동과 비슷한 활동입니다.
먼저 학생 한 명이 앞에 서고, 다리를 모은 채 나무처럼 뒤로 넘어집니다.
이때 교사가 학생을 받아줍니다.

다음은 주인공이 원 안으로 들어갈 차례입니다.
8명 정도의 친구들이 주인공 주변에 원을 만들어 섭니다.
이때 여덟 명의 친구들은 오른발을 주인공의 발에 딱 붙여 안전하게 만들어 줍니다.
그럼 주인공 역할의 학생은 나무처럼 뻣뻣하게 서고 눈을 감습니다.
그리고 팔은 팔짱을 낍니다.

그 다음 주인공 친구가 넘어지면 8명의 친구들은 이 친구가 안전할 수 있도록 받아줍니다.
조금씩 난이도를 높여 넘어가는 정도를 달리하고 느낌이 어떤지 생각해 봅니다.
활동 후에는 주인공에게 활동 소감을 물어봅니다.

행복의 비밀 셋.
네가 충분히 괜찮다는 걸
너무 늦게 알지는 말아줘

✦ 네모별이 돋보기를 꺼내자 놀라운 장면이 눈앞에 펼쳐지기 시작했습니다.

마치 블랙홀처럼 돋보기는 빛을 빨아들이기 시작했고, 모든 빛들이 돋보기로 빨려 들어갔습니다. 거짓말처럼 우리의 모든 빛은 서서히 사라졌습니다.

세상은 온통 어둠에 빠졌고 가니메데, 아프로디테, 황소는 모두 빛을 잃고 구름 모양의 성운으로 변해갔습니다. 세상 모든 빛은 오직 돋보기 안에서만 존재했습니다.

'이 돋보기가 있다면 네가 원하는 모든 빛을 가질 수 있단다. 아마 나의 빛보다 더 멋진 빛을 가지게 될 거야. 하지만 이 돋보기를 잘못 사용하면 세상이 어둠으로 변한다는 걸 기억하렴.'

네모별은 북극별의 말이 떠올랐습니다. 이윽고 세상에서 가장 아름다운 빛이 너무도 궁금했습니다. 네모별은 천천히 돋보기를 바라보았습니다.

돋보기에 모인 빛을 보고 네모별은 깜짝 놀랐습니다. 돋보기에 모인 빛은 무지개 색도, 빨강색도, 파랑색도, 초록색도 아니었어요. 그저 흰색이었습니다.

세상 모든 빛을 가지면 행복할거라 생각했지만 네모별은 전혀 행복하지 않았습니다. 세상 모든 빛을 모으니 고작 평범한 흰색일 뿐이었지요.

'아니, 눈에 잘 띄지도 않는 이 흰색이 세상에서 가장 아름다운 빛이라니! 믿을 수가 없어.'

네모별은 지금까지 한 여행이 너무나도 허탈하고 실망스러웠습니다. 이제 우주에는 네모별의 빛과 돋보기의 빛만이 덩그러니 빛나고 있었습니다. 실망스러운 표정으로 깨진 유리병을 주우려고 할 때 네모별은 깨진 유리조각에 비친 자신의 모습을 보게 되었습니다.

'아니? 내 별빛의 색과 돋보기에 있는 색이 같잖아?!'

세상이 어두워지니 네모별의 흰색 빛은 더욱 선명하게 보이기 시작했습니다.

'그럼 난 세상에서 가장 아름다운 빛을 이미 가지고 있었던 거야?'

네모별은 믿을 수 없다는 듯 풀썩 주저앉았어요. 네모별은 이제야 이 모든 게 이해되기 시작했습니다. 북극별이 말한 세상에서 가장 아름다운 빛의 비밀, 그리고 엄마별이 늘 말해왔던 "넌 이미 소중한 별이란다."라는 의미를 말이에요. 그리고 자신은 태어날 때부터 하늘의 다양한 빛을 모아 탄생한 별이었다는 것도 알게 되었습니다.

네모별은 지금까지 자신이 북극별을 질투했던 것도, 그런 자신에게 화가 났던 것도, 다른 별들과 왜 경쟁을 하게 되었는지 생각하게 되었습니다. 그리고 마침내 마지막 행복의 비밀이 네모별의 머릿속에 스쳤습니다.

'마지막 행복의 비밀은 바로 자신의 빛을 사랑하는 거였어. 나는 늘 행복은 저 멀리 있다고 생각했고, 다른 별들을 부러워했고 특별한 빛깔이 되어야 한다고 생각했는데…. 모든 빛이 모여 나의 빛이 되었고 이 빛은 이미 충분해!'

네모별은 자신의 빛이 너무도 소중하다는 생각이 들었어요. 그런 생각을 하니 지금까지 스스로를 사랑하지 않은 자신에게 미안한 마음이 들었습니다.

"이제 더 이상 이 돋보기는 필요하지 않아. 그리고 이 빛들도 마찬가지고. 그러니 너희들에게 다시 빛을 돌려줄게."

네모별은 돋보기를 힘껏 내리쳤습니다. 돋보기에 담겼던 흰색 빛은

우주 곳곳으로 흩어졌습니다. 하지만 더 이상 다양한 색이 아닌 흰색이 되었어요. 모두가 말이죠. 그리고 깜깜한 밤이 되자 네모별이 나누어 준 별빛이 다시 밤하늘에 반짝였습니다. 그 순간 북극별의 말이 떠올랐습니다.

"행복은 네가 어떤 빛을 가졌는지가 아니라

너의 빛을 어떻게 사용하는지에 달렸단다."

북극별의 말이 맞았어요. 행복은 어떤 빛을 가졌는지가 아니라 그 빛을 어떻게 사용하는지에 달렸던 것이죠.

나의 이야기

모든 사람들은 각자 자신만의 방식으로 빛납니다.
모두가 빛을 가지고 있지만 빛깔은 조금씩 다른 것이지요.
오늘은 나의 빛 찾기 활동을 해보겠습니다.

서로 다른 빛깔

감사	배려	용기	지혜	노력	인내
도전	긍정	미소	경청	창의	질서
규칙	안전	여유	이해	다정	정의
친절	꾸준함	협동	에너지	응원	유머

용서	정직	자율	사랑	헌신

상자 안에 있는 빛깔 중 내가 가지고 있는 것에 동그라미 칩니다.
나는 무슨 색을 가지고 있나요? 친구들과 함께 이야기 나눠 보세요.

저는 모든 빛을 가지고 있는데 그 중 특히 _____ 빛이 강합니다.

전 저의 _____ 빛으로 사람들을 위해 _____ 하겠습니다.

넌 세상에서
유일한 존재야

✦ 고요한 밤. 네모별과 가니메데, 황소, 아프로디테가 북극별을 바라보며 앉아 있었습니다. 아프로디테가 먼저 말을 꺼냈습니다.

"내가 질투가 심했지? 미안해."

"아니야, 너의 질투를 이제 이해할 수 있어. 사실 내가 경쟁심이 생겨 믿음의 병을 깨지게 만들었잖아. 나도 미안해."

가니메데 역시 모두에게 사과했습니다.

"나도 가니메데를 이해하게 되었어. 누구보다 더 잘하고 싶은 그런 마음 말이야. 그리고 나도 그만 화가 나서 거칠게 행동한 거 정말 미안해."

가만히 듣고만 있던 네모별이 말했습니다.

"아니야, 난 너희들의 빛을 모두 이해하게 되었어. 질투하고 경쟁하고 또 화나는 마음 말이야. 너희들 덕분에 행복의 마지막 비밀을 찾을 수 있게 되었어. 난 많은 별빛들이 모여 그리고 그 별빛들의 마음들이 모여 탄

생한 꽤 괜찮은 별이라는 걸 깨닫게 되었어. 화가 나면 황소를 떠올릴 거고, 질투가 나면 아프로디테를, 그리고 누군가에게 경쟁심이 들면 가니메데를 떠올릴 거야. 너희들이 소중한 것처럼 내 안의 마음들도 모두 소중하다는 것도 알게 되었어."

잠시 말을 멈춘 네모별이 크게 숨을 내쉬며 말했습니다.

"나도 미안해. 나 때문에 너희들이 별빛이 모두 흰색이 되어 버렸어."

"우린 이 별빛 마음에 들어, 세상에서 가장 아름다운 별빛이잖아. 그리고 우리 모두가 합쳐진 색이기도 하고."

아프로디테, 가니메데, 황소가 기다렸다는 듯 입을 모아 말했습니다.

"고마워. 참 세상에서 가장 멋진 우리의 별빛을 사진으로 남기는 거 어때?"

네모별은 카메라를 꺼내 행복한 순간을 담았습니다.

나의 이야기

친구와 함께 아래의 활동을 해봅니다.

1. 인간 별사진 찍기

예시 이미지

2. 손가락 별사진 찍기

이제 네모별이 찍은 가장 행복한 순간을 만나볼까요?

이 장을 넘기면 가장 행복한 장면이 나옵니다.

거울에 붙은 비닐을 제거 후 사용해 주세요!
이제 진짜 가장 행복한 '나'의 모습을 만날 수 있습니다.

거울 속에 비친
그대로의 모습이
가장 행복한 모습이랍니다.
스스로를 먼저
사랑해 주세요.

걱정스럽다	기쁘다	든든하다
곤란하다	놀랍다	만족스럽다
괘씸하다	막막하다	믿음직스럽다
괴롭다	못마땅하다	반갑다
귀찮다	무섭다	서럽다
난처하다	무안하다	서운하다
답답하다	분하다	섭섭하다
두렵다	불만스럽다	속상하다
궁금하다	불안하다	슬프다
긴장된다	불쾌하다	실망스럽다
감격스럽다	당황스럽다	얄밉다
감사하다	떨리다	뿌듯하다
고맙다	미안하다	민망하다

부끄럽다	다행스럽다	허무하다
불쌍하다	샘나다	허전하다
사랑스럽다	안타깝다	혼란스럽다
시원하다	애처롭다	화나다
신나다	유쾌하다	힘들다
안심되다	자랑스럽다	측은하다
어색하다	재미있다	후회스럽다
어이없다	즐겁다	통쾌하다
억울하다	짜릿하다	행복하다
외롭다	지루하다	홀가분하다
우울하다	짜증난다	흐뭇하다
원망스럽다	창피하다	흡족하다